まちごとチャイナ

Jiangsu 003 Lao Suzhou
蘇州旧城
「江南文雅」と水をたたえる都

Asia City Guide Production

【白地図】蘇州

CHINA
江蘇省

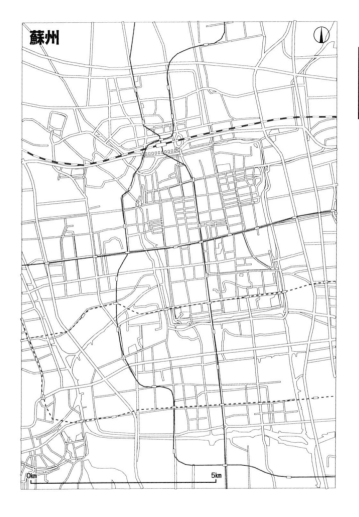

蘇州

Lao Suzhou 白地図

【白地図】旧城北東部

旧城北東部

Lao Suzhou

白地図

【白地図】拙政園

CHINA
江蘇省

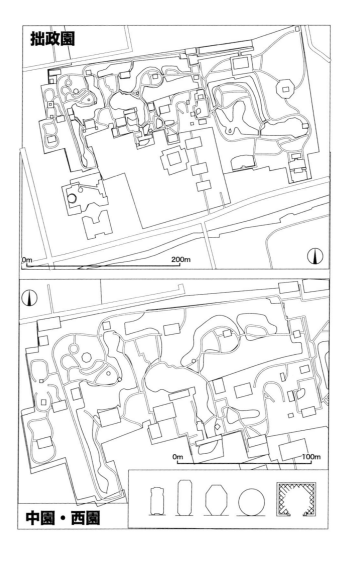

【白地図】拙政園～獅子林

CHINA
江蘇省

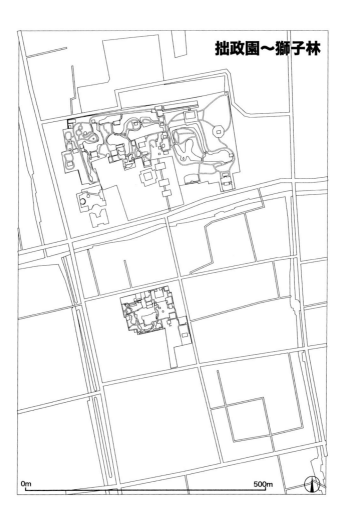

【白地図】観前街

CHINA
江蘇省

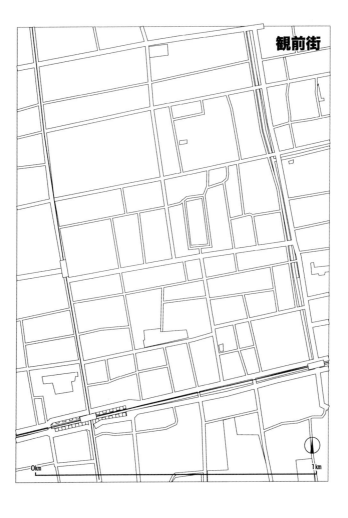

観前街

Lao Suzhou

白地図

【白地図】旧城北西部

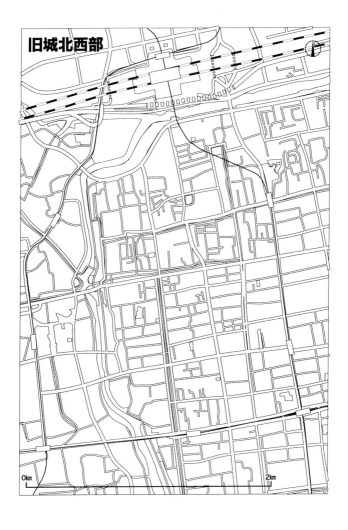

旧城北西部

Lao Suzhou 白地図

【白地図】山塘街

CHINA
江蘇省

【白地図】旧城南西部

【白地図】旧城南東部

旧城南東部

Lao Suzhou ／白地図

【白地図】宝帯橋

CHINA
江蘇省

宝帯橋

Lao Suzhou 白地図

【まちごとチャイナ】

江蘇省 001 はじめての江蘇省

江蘇省 002 はじめての蘇州

江蘇省 003 蘇州旧城

江蘇省 004 蘇州郊外と開発区

江蘇省 005 無錫

江蘇省 006 揚州

江蘇省 007 鎮江

江蘇省 008 はじめての南京

江蘇省 009 南京旧城

江蘇省 010 南京紫金山と下関

江蘇省 011 雨花台と南京郊外・開発区

江蘇省 012 徐州

CHINA
江蘇省

縦横に水路がめぐらされ、そこを船が行き交う様子から「水の都」とたたえられてきた蘇州。春秋時代(紀元前514年)に街が築かれて以来、2500年に渡って同じ街区が持続する世界でも類を見ない都市となっている。

唐宋代(7〜13世紀)、江南の開発が進み、蘇州は中国有数の穀倉地帯の集散地へと成長をとげた。続く明清時代(14〜20世紀)、蘇州の繁栄は頂点に達し、豊かな経済力のもと、書や絵画、絹織物や刺繍などの芸術や伝統工芸が次々と生まれた。

蘇州旧城
Lao Suzhou
老苏州 Lǎo sū zhōu
ラオスウチョウ

　こうした「江南の中心地」という蘇州の性格は、アヘン戦争後の1842年に上海が開港されると、西欧の影響のもと近代化した上海に受け継がれることになった。現在、蘇州古典園林が世界遺産に指定されているほか、歴史ある仏教寺院や宋代以来の街並みを残す、北京、西安に準ずる古都となっている。

【まちごとチャイナ】

江蘇省 003 蘇州旧城

目次

蘇州旧城……………………………………………………………xxii

天に天堂地に蘇杭あり……………………………………………xxviii

旧城北東城市案内…………………………………………………xxxii

中国古典園林の世界………………………………………………lii

観前街城市案内……………………………………………………lix

旧城北西城市案内…………………………………………………lxix

山塘街城市案内……………………………………………………lxxvii

旧城南西城市案内…………………………………………………lxxxv

旧城南東城市案内…………………………………………………xcv

蘇州で花開いた中国芸術…………………………………………cvii

【MEMO】

【地図】蘇州

【地図】蘇州の [★★★]
- [ ] 拙政園 [世界遺産] 拙政园チュオチェンユゥエン
- [ ] 山塘街 山塘街シャンタンジエ

【地図】蘇州の [★★☆]
- [ ] 観前街 观前街グァンチィエンジエ
- [ ] 北塔報恩寺 北塔报恩寺ベイタアバオエンスー
- [ ] 盤門 盘门パンメン
- [ ] 滄浪亭 [世界遺産] 沧浪亭ツァンランティン
- [ ] 宝帯橋 宝带桥バオダイチャオ

【地図】蘇州の [★☆☆]
- [ ] 楽橋 乐桥ラァチャオ
- [ ] 人民路 人民路レンミンルウ
- [ ] 環秀山荘 [世界遺産] 环秀山庄ファンシュウシャンチュゥアン
- [ ] 蘇州駅 苏州站スウチョウチャァン
- [ ] 十全街 十全街シイチュアンジエ

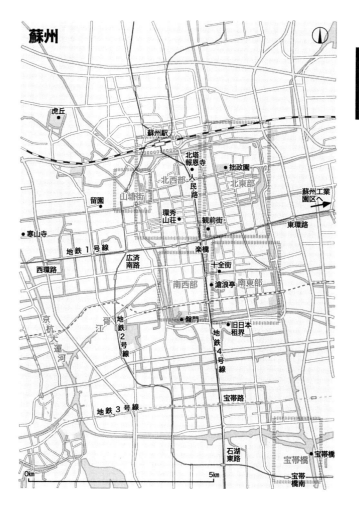

Lao Suzhou

蘇州旧城

天に天堂
地に
蘇杭あり

CHINA
江蘇省

明代、蘇州一府の税負担額は浙江一省に匹敵し
それは中国全体の10分の1にあたったという
豊かな経済が、豊かな蘇州の文化を育んだ

中国屈指の古都

蘇州は、春秋時代の紀元前514年に呉の都として創建された。「相土嘗水、象天法地（土と水を踏まえ、風水にあわせて都をつくる）」という伍子胥の方針のもと、水路を碁盤の目状に開削して周囲に8つの城門（陸門と水門）をおき、外濠と内濠がめぐらされた。三横四直など主要水路の変化はあったものの、ほとんど街の位置が変わらず、2500年前の都市構造を今に伝えている。蘇州は唐宋、明清と時代を超えて常に繁栄を続けたが、最盛期に82kmにおよんだ水路の多くは埋め立てられた。南西の盤門で水陸のふたつの門を、山塘街や

▲左 「水の都」「水の蘇州」と謳われた明清時代の面影が残る山塘街。 ▲右 蘇州、庭園群は世界遺産に指定されている

平江路などで水辺に親しんだ往時の蘇州の様子が見られる。

蘇州から北京へ

宋代「風流天子」と称された徽宗は、蘇州に蘇杭応奉局をもうけて太湖石など江南の奇花異石を都開封に運ばせた。また明清時代、北京の皇帝が着る服は蘇州でつくられ、故宮や頤和園といった庭園は蘇州や江南のものをモチーフに造営された(蘇州近くの陸墓鎮近くにあった工房の技術で故宮の屋根瓦が焼かれたほか、蘇州出身の職人が多く故宮に抱えられていた)。清朝の康熙帝や乾隆帝は江南に南巡し、蘇州にいたっ

CHINA
江蘇省

た皇帝はこの地の食に舌鼓を打ち、蘇州美人とたたえられた女性とたわむれるなど、蘇州の優雅な文化は皇帝たちにも愛された。

豊かな魚米の里

蘇州の「蘇」という文字は、草冠のしたの「魚」と「禾（稲の古字）」からなり、この地方の人々が食す魚と米と関係する（蘇州という地名は、隋代、街の西にそびえる姑蘇山から名づけられた）。長江の堆積でかたちづくられた蘇州一帯の肥沃な土地では、二期作、三毛作も可能で「江浙熟せば天下

▲左　超巨大な蘇州北バスターミナル。　▲右　拙政園近くで売られていた蘇州小吃

足る」の言葉も広く知られていた。蘇州はこうした江南物資の集散地となり、旧城の西側を南北に走る大運河を通じて北京へ穀物が運ばれた。豊かな農産物や魚介類は洗練された食文化を生み、蘇州料理は中国を代表する料理となっている。

Guide, Zhuo Zheng Yuan
旧城北東城市案内

CHINA
江蘇省

蘇州を代表する景勝地の拙政園
また忠王府、獅子林、平江路など
美しい庭園や街並みが展開する

拙政園 [世界遺産] 拙政园
zhuō zhèng yuán チュオチェンユゥエン [★★★]

中国を代表する名園の拙政園は、明代の1509年に官吏を退いて故郷蘇州に戻った王献臣によって造園された。拙政園という名前は、晋の潘岳が官職を辞めた失意を詠った「室を築きて樹を種え、逍遥して自得す。・・・此れ亦た拙き者の政を為すなり(『閑居の賦』)」からとられている。東部、中央部、西部からなる回遊式庭園で、池に浮かぶ蓮、楼閣、亭、人工の築山などどこからでも美しく見えるよう設計されているほか、壁の洞門や窓枠の意匠、堂内の調度品、書など細部まで

Lao Suzhou

旧城北東城市案内

一流の技術がもちいられている。『紅楼夢』を記した曹雪芹は、子どものころに見たこの拙政園の世界を作品に反映させたとも言われる。

拙政園の今むかし

拙政園の地は、古く唐代には詩人陸亀蒙の私邸がおかれ、元代に仏教寺院（大宏寺）となった。明代に王献臣の手に渡り、拙政園が造園されたが、この庭園の名高さは王献臣と交遊のあった文徴明が造園に関わったことによる。文徴明は明代最高の文人のひとりで、拙政園の31の景観を長巻に写し、詩

【地図】旧城北東部

【地図】旧城北東部の [★★★]
- ☐ 拙政園 [世界遺産] 拙政园 チュオチェンユゥエン

【地図】旧城北東部の [★★☆]
- ☐ 獅子林 [世界遺産] 狮子林 シイズゥリン
- ☐ 平江路 平江路 ピンジャンルウ
- ☐ 観前街 观前街 グァンチィエンジエ
- ☐ 玄妙観 玄妙观 シャンミャオグァン
- ☐ 北塔報恩寺 北塔报恩寺 ベイタアバオエンスー

【地図】旧城北東部の [★☆☆]
- ☐ 忠王府 忠王府 チョンワンフウ
- ☐ 蘇州博物館 苏州博物馆 スウチョウボオウグァン
- ☐ 臨頓路 临顿路 リンドンルウ
- ☐ 藕園 [世界遺産] 藕园 オオユゥエン
- ☐ 蘇州動物園 苏州动物园 スウチョウドンウウユゥエン
- ☐ 昆曲博物館 昆曲博物馆 クゥンチュウボオウグァン
- ☐ 楽橋 乐桥 ラァチャオ
- ☐ 人民路 人民路 レンミンルウ
- ☐ 怡園 怡园 イイユゥエン
- ☐ 城隍廟 城隍庙 チャンフゥアンミャオ
- ☐ 双塔 双塔 シュゥアンタア

CHINA
江蘇省

旧城北東部

Lao Suzhou

旧城北東城市案内

【地図】拙政園

【地図】拙政園の [★★★]
- [ ] 拙政園 [世界遺産] 拙政园チュオチェンユゥエン

【地図】拙政園の [★☆☆]
- [ ] 忠王府 忠王府チョンワンフウ
- [ ] 蘇州博物館 苏州博物馆スウチョウボオウグァン

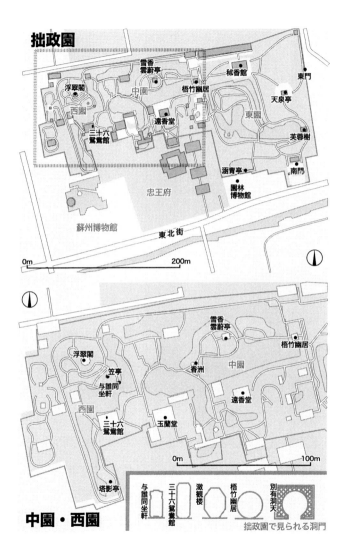

と書画を残した。その後、王献臣の子どもが賭博で負けたことから、拙政園は第三者の手に渡り、繰り返し増改築されているため、現存する庭園は清代末期、中華民国時代の様式となっている。

忠王府 忠王府 zhōng wáng fǔ チョンワンフウ［★☆☆］
忠王府は太平天国（1851～64年）の後期、洪秀全につぐ指導者だった李秀成の邸宅跡。太平天国は男女平等や腐敗した社会の改革をかかげて広西から南京へと進出し、一大勢力となった。忠王李秀成は太平天国の食料を確保するため、中国

▲左　蘇州の伝統建築がイメージされた蘇州博物館。　▲右　美しい蓮が湖面を埋める、拙政園にて

有数の穀倉地帯の中心蘇州へ進軍し、1860年、蘇州は李秀成の統治する蘇福省の都となった。李秀成の執務室は拙政園の一角におかれ、農民から野菜を奪った太平天国軍人を厳しく罰するなど善政をしいて人々の信任を得たという。一方、李鴻章ひきる清軍は、上海の外国軍の力を借りて1863年に蘇州を陥落させ、翌年、太平天国も滅んだ。この太平天国の乱がきっかけとなって、蘇州の官吏や商人が上海に移り、以後、上海は江南の中心地へと台頭した。

CHINA
江蘇省

蘇州博物館 苏州博物馆
sū zhōu bó wù guǎn スウチョウボオウウグァン [★☆☆]

拙政園の敷地の一角に立ち、10万点もの文物を収蔵する蘇州博物館。白壁と黒の屋根瓦の建築は、蘇州で育ったイオ・ミン・ペイ（貝聿銘）によるもので、かつてペイの一族は獅子林を所有していたこともある（イオ・ミン・ペイはルーヴル美術館のピラミッドや、香港の中国銀行で知られる建築家）。虎丘や北塔からの両塔瑰宝、青銅器、瓷器、工芸品、璽印など各種展示が見られるなか、とくに明清書画が特筆される。拙政園の造園にたずさった文徴明はじめ、沈周、唐寅

Lao Suzhou | 旧城北東城市案内

などの呉派文人画が展示され、「天下の法書はみな呉中(蘇州)に帰す」と評されるほどだった。

【地図】拙政園〜獅子林

【地図】拙政園〜獅子林の [★★★]
- [ ] 拙政園 [世界遺産] 拙政园チュオチェンユゥエン

【地図】拙政園〜獅子林の [★★☆]
- [ ] 獅子林 [世界遺産] 狮子林シイズゥリン
- [ ] 平江路 平江路ピンジャンルウ

【地図】拙政園〜獅子林の [★☆☆]
- [ ] 忠王府 忠王府チョンワンフウ
- [ ] 蘇州博物館 苏州博物馆スウチョウボオウウグァン
- [ ] 臨頓路 临顿路リンドンルウ

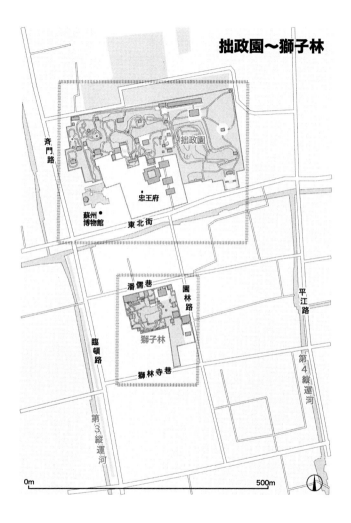

【地図】獅子林

【地図】獅子林の [★★☆]

- [ ] 獅子林 [世界遺産] 獅子林シイズゥリン

CHINA
江蘇省

獅子林

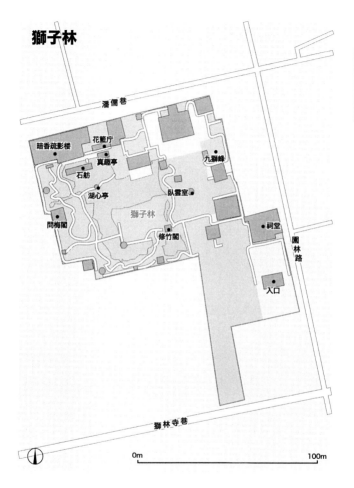

Lao Suzhou 旧城北東城市案内

CHINA
江蘇省

獅子林[世界遺産] 獅子林 shī zǐ lín シイズゥリン [★★☆]
拙政園、留園、滄浪亭とならんで蘇州四大名園のひとつにあげられる獅子林。元代の1342年に創建された菩提正宗寺の庭園にさかのぼり、明代には商人の私邸園林となり、その後、増改築が繰り返されて、1925年、貝氏の手で現在の姿となった。獅子林という名前は園内に立つ獅子のかたちをした築山と、仏教経典『獅子座』をあわせて名づけられた。園内に配された大獅子、小獅子、雄獅子、雌獅子などの築山、石組み、奇石などで名高い。

▲左　庭園の各景区をわける洞門、獅子林にて。　▲右　室内は文人好みの調度品で彩られた

臨頓路 临顿路 lín dùn lù リンドンルウ ［★☆☆］

臨頓路は斉門に通じる第3縦運河沿いの主要な通り。春秋時代に王領兵の軍隊が「臨時駐屯」した場所と伝えられ、太平天国時代は有力者がこの通りに拠点を構えていた。現在は整備され、商店がならんでいる。

藕園［世界遺産］藕园 ǒu yuán オオユゥエン ［★☆☆］

蘇州旧城東部の小新橋巷に位置する藕園。もともと清代官吏の私邸園林があり、東側の庭の黄石による築山が園林の中心だったが、その後、西側部分が拡張された。藕園という名前

CHINA
江蘇省

は、邸宅を中心に東西2つに庭園があるところから名づけられている（「藕」は偶数の「偶」に通じる）。

蘇州動物園 苏州动物园 sū zhōu dòng wù yuán
スウチョウドンウウユゥエン [★☆☆]

蘇州旧城東部の運河に囲まれた孤島に位置する蘇州動物園。トラやキリン、カンガルーなどの野生動物が飼育されているほか、園内には園林、蓮池や楼閣などが点在し、また東園が隣接する。

▲左　世界遺産のひとつ藕園。　▲右　豊かな江南の風土に育まれた蘇州料理

平江路 平江路 píng jiāng lù ピンジャンルウ ［★★☆］

運河（第4縦運河）に面して住宅がならび、「水の都」と呼ばれた古都蘇州の面影を残す平江路。拙政園から南北に1.6km続き、運河にかかるさまざまな橋、運河に通じる階段、その脇にならぶ江南の住宅が見られる。橋のたもとに運河を通して運ばれてきた物資の市が立ち、人々は生活水として運河の水を使ったという。宋代、平江府が蘇州におかれた経緯があり、平江とは長江と同じ高さを意味する（蘇州の街は水面に浮かぶように展開する）。

CHINA
江蘇省

江南の住宅と自家用船

長いあいだ水路が交通の基本であった蘇州では、水路を基準にして住宅や街がつくられていった。伝統的な蘇州の住宅は前方に通りがあり、家の裏口は運河に通じる「前街後河」のかたちをし、かつてどの家も自家用の船をもっていたという（運河側の裏口から船に乗った）。蘇州は、街路と水路の二重の交通路をもち、南西部の盤門では陸門と水門のふたつの門を見ることができる。

▲左　第4縦運河にかけられた橋、運河が縦横に走る。　▲右　船頭に導かれて蘇州をめぐる

昆曲博物館 昆曲博物馆 kūn qǔ bó wù guǎn
クゥンチュウボオウグァン ［★☆☆］

1879年に建てられ、山西商人が集まる全晋会館を前身とする昆曲博物館。昆曲は明代の16世紀に、宋の劇や元の劇、南方と北方の劇が融合して蘇州近郊の昆山で生まれ、以来、400年以上の伝統をもつ（京劇はこの昆曲の影響を受けて発展した）。昆曲博物館では昆曲の衣装をはじめとする展示が見られるほか、かつて季節の節目や行事で劇が演じられた戯台は今でも使われている。近くには蘇州の語り演芸である蘇州評弾に関する評弾博物館も位置する。

中国
古典園林
の世界

CHINA
江蘇省

庭園と建築が織りなす古典園林では
中国文人の理想とする世界が具現化された
明清時代、最高の繁栄を見せた蘇州に残る世界遺産

中国庭園とは

乾燥した華北と異なる豊かな自然をもつ江南、とくに蘇州の庭園は中国庭園の最高峰にあげられる。中国庭園では、水をひいて池をつくり、その周囲に楼閣や亭を建て、太湖石をはじめとする奇石、牡丹や芍薬、玉蘭など四季折々の植物が配された（また鳥の鳴き声や泳ぐ魚を愉しんだ）。これらの庭園は繰り抜かれた洞門をもつ壁で分節され、「園中の園（各景区）」がそれぞれテーマをもち、拙政園では北塔報恩寺、留園では虎丘の雲岩寺塔が借景に利用されている。日本の庭園と違って人工的に滝や築山をつくるのも特徴で、幾何学文

様の窓枠から見える景色がひとつの作品となった。

文人たちが理想を追求

明代、蘇州は多くの官吏を輩出し、隠居した官吏は故郷に私邸園林を構えた。私邸園林を構えるためにはそれなりの財力と地位が必要であったことから、その一族の格式を示し、高い教養をもった文人たちが交流した。美しい山水にふれられる庭園のほか、園林の中心にあたる丁堂、お香をたいて読書し、書をしたためた書斎、観劇や音楽鑑賞のための舞台、女性や子どもが暮らす内庁などが配置された（書画同源の言葉

CHINA
江蘇省

の通り、山水、人物、花鳥を描いて詩をそえた書画は、中国芸術の最高峰でもあった)。また文人たちは運河に船を浮かべて詩を詠み、酒を飲むなど風流な生活を送ったが、その背景には商業都市蘇州の豊かな経済力があった。

呉中絶技の工芸

宋代以後、蘇州は中国文化の中心地となり、書画や音楽、演劇などの芸術のほか、茶器、文房具、急須、家具、牙角にいたる伝統工芸が育まれた。これら蘇州の職人が生み出す工芸品は「呉中絶技」と呼ばれ、皇帝の暮らす北京や中国全土か

▲左　石を積みあげてつくられた築山、太湖石とともに中国庭園にかかせない。　▲右　窓枠にほどこされた意匠、ここから切りとられた景色を見る

らの憧れとなっていた。蘇州職人の手による調度品「蘇作（蘇州の家具）」が彩る中国古典園林は、書画、音楽、建築などがくみあわさった総合芸術という性格をもっていた。また20世紀まで美術品とは見られていなかった剪紙や年画などの民間芸術でも、蘇州は高い水準のものを生み出している。

【MEMO】

CHINA
江蘇省

Lao Suzhou 中国古典園林の世界

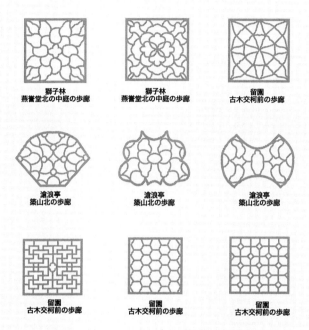

さまざまな窓枠

Guide, Guan Qian Jie
観前街
城市案内

蘇州旧城の中心部にあたる観前街
玄妙観の門前町として発展し
今では蘇州料理の名店が軒をつらねる

観前街 观前街 guān qián jiē グァンチィエンジエ ［★★☆］
観前街は蘇州の中心を走るこの街随一の繁華街。蘇州料理を出す料理店、茶館、商店、書店がずらりとならび、夜遅くまで多くの人でにぎわう。観前という名前は玄妙観の門前街（道観の前）を意味し、縁日や祭りのたびに露店が出て、やがて街が形成されていった。清代、南巡の際に乾隆帝がおしのびで訪れたという松鶴楼、明代から400年を超す伝統をもつ得月楼、また肉料理店の陸稿薦など蘇州料理の名店が位置する（留園近くの功徳林も蘇州料理の老舗として知られる）。

【地図】観前街

【地図】観前街の［★★☆］
- ☐ 観前街 观前街 グァンチィエンジエ
- ☐ 玄妙観 玄妙观 シャンミャオグァン

【地図】観前街の［★☆☆］
- ☐ 楽橋 乐桥 ラァチャオ
- ☐ 人民路 人民路 レンミンルウ
- ☐ 怡園 怡园 イイユゥエン
- ☐ 臨頓路 临顿路 リンドンルウ
- ☐ 蘇州公園 苏州公园 スウチョウゴンユゥエン

Lao Suzhou

観前街城市案内

CHINA
江蘇省

蘇州料理とは

蘇州料理は中国八大料理のひとつで、太湖や豊かな江南の風土で収穫された魚介類などを具材とする。桂魚の甘酢あんかけ「松鼠桂魚」、タウナギをねぎ油で仕上げた「響油鱔糊」、銀魚のとろみスープ「銀魚羹」、庶民に親しまれている「陽春蕎麦」、おこげの牛肉あんかけ「鍋巴牛肉」などが代表料理で、あっさりとした甘めの味つけを特徴とする。また北京ダックももとは蘇州はじめ江南で食べられていた料理だとされ、明清時代の北京でより洗練されて今の料理になったという。

▲左　3世紀の晋代に創建された道教寺院の玄妙観。　▲右　蘇州でもっともにぎわう観前街

玄妙観 玄妙观
xuán miào guān シャンミャオグァン [★★☆]

蘇州を代表する道教寺院の玄妙観。創建は真慶道院と呼ばれていた晋代の276年にさかのぼり、唐代の728年に開元宮、宋代の1009年に天慶観、元代の1295年に円妙観と改称されて今にいたる（「円」を「元」、さらに「玄」と書き換えた）。山門や南宋の1179年に再建された三清殿が残り、内部には塗金泥塑の三清像が安置されている。宋代より、鬼や妖怪の邪気を鎮めるための呪術「雷法」の伝統が受け継がれてきた道教寺院でもある。

CHINA
江蘇省

楽橋 乐桥 lè qiáo ラァチャオ ［★☆☆］

蘇州旧城のちょうどへその部分にあたる楽橋。3世紀の三国時代に橋がかけられた蘇州最古の橋とも言われ、唐代、ここに市が立ち、運河を通じて物資が運ばれる物流拠点だった（また楽橋の東西で呉県と長州県に区分されるなど、行政上の要衝でもあった）。長らく蘇州経済の中心地という性格をもち、現在も楽橋の周囲に商店が林立する。

人民路 人民路 rén mín lù レンミンルウ ［★☆☆］

蘇州旧城を南北につらぬく大動脈の人民路。宋代には繁華街がおかれ、臥龍街（護龍街）と呼ばれていた。蘇州では、この通りを龍の「胴体」、蘇州公園にあった蘇州府を「頭」、双塔寺を「2本の角」、北塔報恩寺を「尾」に見立てられた。

江蘇省

怡園 怡园 yí yuán イイユゥエン ［★☆☆］

怡園は19世紀末の清代、顧文彬による庭園で、造営された時代の新しさから蘇州園林の完成形にもあげられる（この敷地は明代の官吏呉寛の旧宅だった）。堂と庁がならぶ東側と、池と太湖石、築山が見られる西部にわかれた構造をもち、両者は回廊で結ばれている。この回廊で見られる書家の石刻は怡園法帖として知られる。

【MEMO】

Guide,
Bei Ta Bao En Si
旧城北西
城市案内

蘇州旧城の北西外に位置する蘇州駅
ここは蘇州への第一歩を踏みしめる地であり
天高くそびえる北塔報恩寺も視界に入る

城隍廟 城隍庙
chéng huáng miào チャンフゥアンミャオ [★☆☆]

中国の都市には必ず「都市の守り神」をまつる城隍廟があり、蘇州では戦国時代にこの街を管轄した楚の宰相春申君がまつられている。蘇州は、春申君以前の伍子胥の時代（紀元前514年）に造営されたが、その後、楚の支配下に入り、紀元前250年、会稽郡太守であった春申君がその子仮君を派遣して蘇州をおさめるようになった（楚の春申君は食客3000人と言われ、斉の孟嘗君、趙の平原君、魏の信陵君とともに戦国の四君子のひとりにあげられる）。もともと旧城の南西隅

【地図】旧城北西部

【地図】旧城北西部の [★★★]
- [ ] 山塘街 山塘街 シャンタンジエ

【地図】旧城北西部の [★★☆]
- [ ] 北塔報恩寺 北塔报恩寺 ベイタアバオエンスー
- [ ] 観前街 观前街 グァンチィエンジエ

【地図】旧城北西部の [★☆☆]
- [ ] 城隍廟 城隍庙 チャンフゥアンミャオ
- [ ] 環秀山荘 [世界遺産] 环秀山庄 ファンシュウシャンチュゥアン
- [ ] 芸圃 [世界遺産] 艺圃 イィプウ
- [ ] 蘇州絲綢博物館 苏州丝绸博物馆 スウチョウスウチョウボオウグァン
- [ ] 蘇州駅 苏州站 スウチョウチャァン
- [ ] 楽橋 乐桥 ラァチャオ
- [ ] 人民路 人民路 レンミンルウ
- [ ] 怡園 怡园 イィユゥエン
- [ ] 閶門 阊门 チャンメン
- [ ] 石路歩行街 石路步行街 シイルウブゥシンジエ
- [ ] 学士街 学士街 xué shì jiē シュエシイジエ

CHINA
江蘇省

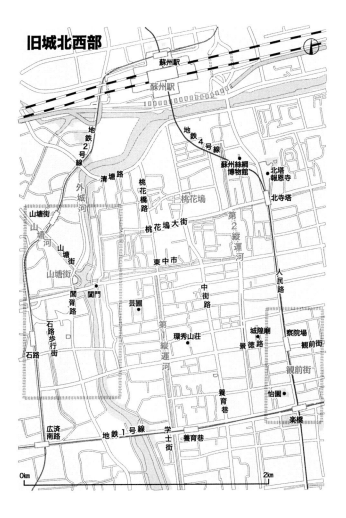

CHINA
江蘇省

に位置したが元代に焼失し、明代の 1370 年に現在の地で再建された。

環秀山荘 [世界遺産] 环秀山庄 huán xiù shān zhuāng
ファンシュウシャンチュゥアン [★☆☆]

環秀山荘は 18 世紀の乾隆帝時代の清朝官吏によって造営された中規模庭園。10 世紀の五代、江南一帯を開発した呉越広陵王銭氏の金谷園のあった由緒ある地で、19 世紀に汪氏の宗祠がおかれてから環秀山荘と呼ばれるようになった。乾隆帝時代に配置された高さ 7.2m の築山は、中国史上最高の

▲左　中規模庭園の環秀山荘、世界遺産に登録されている。　▲右　古い街並みが残っている芸圃界隈

「築山の匠」と言われる才裕良の手によるもので、蘇州を代表する築山となっている。蘇州刺繍研究所が隣接する。

芸圃［世界遺産］艺圃 yì pǔ イィプウ［★☆☆］

細い路地が迷路のように走る古い街区に残る芸圃。こぢんまりとしているが、明末清初の雰囲気を伝える名園で、池を中心に楼閣と亭が展開する（創建は16世紀の明代）。明末、拙政園の造営に関わった文徴明のひ孫にあたる官吏文震孟がここの主になったことでも知られ、かつては薬圃と呼ばれていたが清代になって現在の名前になった。

CHINA
江蘇省

北塔報恩寺 北塔报恩寺
běi tǎ bào ēn sì ベイタアバオエンスー [★★☆]

平坦な蘇州にあって一際高い76mの姿を見せ、蘇州旧城の象徴的存在となってきた北塔報恩寺。寺の扁額には呉の孫権の年号にちなむ「赤烏遺跡」とあり、3世紀、孫権の母である呉氏が自身の邸宅を寄進した通玄寺をはじまりとする（仏教は1世紀ごろ中国に伝わった）。南宋の紹興年間（1132～62年）に建てられた八角九層の塔をもつことから「北塔寺」の愛称でも親しまれ、運河を通して蘇州へやってくる旅人に対して灯台の役割を果たしていた。この北側の北塔に対して、

▲左　拙政園から見る北塔報恩寺、借景と呼ばれる技法。　▲右　蘇州駅から旧城をのぞむ、城郭跡が再現された

旧城南西の盤門近くには瑞光塔が立つ。

蘇州絲綢博物館 苏州丝绸博物馆 sū zhōu sī chóu bó wù guǎn スウチョウスゥチョォウボオウウグァン ［★☆☆］

しなやかで肌触りがよく、真珠光沢の輝きや染色性をあわせもつ絹や蘇州伝統の刺繍にまつわる蘇州絲綢博物館。蘇州は1000年以上に渡って絹の里として知られ、何種類もの色糸で織り出した絹織物は皇帝や朝廷で愛用されてきた（明代、上海の顧氏が創始したという18種類の刺繍方法と配色方法で、鳥獣、幾何学文様を織っていった）。新石器時代の絹に

CHINA
江蘇省

まつわる古代館、絹の原料になる繭を出す蚕をまつった蚕桑居、生糸をつむぐ織造坊、絹織物をあつかった店が再現された明清一条街などからなる。

蘇州駅 苏州站 sū zhōu zhàn スウチョウチャァン ［★☆☆］
蘇州駅はこの街の玄関口で、上海方面と南京方面などの鉄道が発着する。蘇州駅は宋代以来の街の主要動線である人民路の軸線上に位置し、駅周辺は2010年の上海万博を機に大きく整備された（上海と蘇州を結ぶ鉄道は1906年に完成し、物資を運ぶ大動脈だった運河の役割が大きく後退した）。

Guide, Shan Tang Jie
山塘街
城市案内

蘇州旧城をぐるりととり巻く外城河
京杭大運河へ続く蘇州の北西城外は
明代以来、各地からの商人が訪れる船着場でもあった

閶門 阊门 chāng mén チャンメン [★☆☆]

蘇州旧城とそこから北西の虎丘、西側の大運河を結ぶ蘇州屈指の要衝となってきた閶門。紀元前506年、呉が西の楚を破ったときの凱旋門をはじまりとし、明代以降、閶門の外側で月城市と呼ばれる繁華街が形成されるようになった。南濠、北濠、上塘、下塘の各街が集まるこの地では、毎日、市が立ち、蘇州最大の商業地区となっていた（蘇州旧城のなかで、盤門は正門、閶門は商業用の窓口という性格があった）。

【地図】山塘街

【地図】山塘街の［★★★］
- [ ] 山塘街 山塘街シャンタンジエ

CHINA
江蘇省

【地図】山塘街の［★☆☆］
- [ ] 閶門 阊门チャンメン
- [ ] 石路歩行街 石路步行街シイルウブゥシンジエ

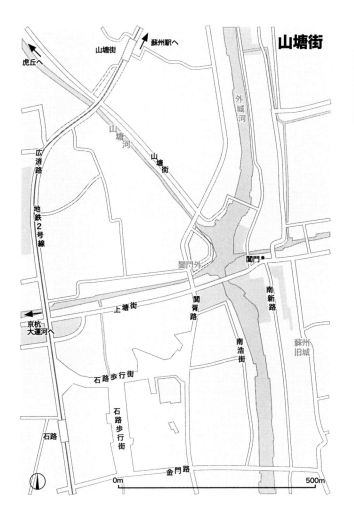

江蘇省

▲左　白い壁、黒の屋根、そのなかを船が進む。　▲右　山塘街近くにかかるアーチ型の橋

山塘街 山塘街 shān táng jiē シャンタンジエ ［★★★］

山塘街（七里山塘）は唐代に開削された運河沿いの街で、地域間の物資の運搬が盛んになった明代以降、その集散地だった。運河を使って蘇州に運ばれてきた物資は、城門に入るときに水路の幅や水深から小型の船に積み替える必要があり、その手間がはぶける閶門外が発展した。山塘街には全国から集まった商人の会館や公署、茶館や旅館のほか、「江浙熟せば天下足る」と言われた穀物を保存するための倉庫がならんでいた。また明代の官吏はここの運河に船を浮かべて詩を詠んだと伝えられ、現在も明清時代に建てられた白壁の住宅や

【MEMO】

運河を進む船などで「水の都」蘇州の面影を感じられる。

マルコ・ポーロと南船北馬

蘇州近郊には無数の湖沼が点在し、そのあいだを網の目のように水路が走っている。「水を枕とする」と言われたように蘇州をはじめとする水郷では、人々は水路を中心に住宅を建て、橋をかけ、小船で移動してきた。こうした光景は、元代、蘇州を訪れたヴェネチアの商人マルコ・ポーロがそのにぎわいをたたえたこともあって、「東洋のヴェニス」という言葉を生んだ（マルコ・ポーロはとくに杭州と蘇州の繁栄ぶりに

ついて『東方見聞録』に記している)。

石路歩行街 石路歩行街
shí lù bù xíng jiē シイルウブゥシンジエ [★☆☆]
明代、石路界隈には城塘街(月城市)と呼ばれる繁華街があり、石路という名前は通りに石畳みがしかれていたことに由来する(もともと蘇州の中心は人民路にあったが、明代に入ると運河により近い西側がさかえるようになった)。現在は商店や露店がならぶ石路歩行街として整備され、蘇州有数のにぎわいを見せている。

Guide, Pan Men
旧城南西城市案内

蘇州旧城の正門にあたった盤門
近くには瑞光塔がそびえ
旅人たちを迎えていた

盤門 盘门 pán mén パンメン [★★☆]

蘇州旧城の南西に位置する盤門は、1351年に建立された古い姿を今に伝えている。蘇州の門には陸路で入る人と船で入る人それぞれの門があり、この門は陸の門と水閘門の双方を残している。こうした門の構造は蘇州が造営された紀元前514年以来のものだとされ、開閉式の水門、城門の内外にめぐらされた内濠と外濠などを見ることができる（また盤門基部には1351年よりはるか昔にさかのぼる石材が確認できるという）。盤門という名前は、春秋時代に木彫の蟠龍をこの門にかざって呉（蘇州）の宿敵の越を鎮めようとしたことに

【地図】旧城南西部の [★★☆]
- [ ] 盤門 盘门 パンメン
- [ ] 滄浪亭 [世界遺産] 沧浪亭 ツァンランティン

【地図】旧城南西部の [★☆☆]
- [ ] 瑞光塔 瑞光塔 ルイグゥァンタア
- [ ] 開元寺 开元寺 カイユゥエンスー
- [ ] 学士街 学士街 シュエシイジエ
- [ ] 文廟（蘇州碑刻博物館）文庙 ウェンミャオ
- [ ] 十梓街 十梓街 シイズゥジエ
- [ ] 楽橋 乐桥 ラァチャオ
- [ ] 人民路 人民路 レンミンルウ

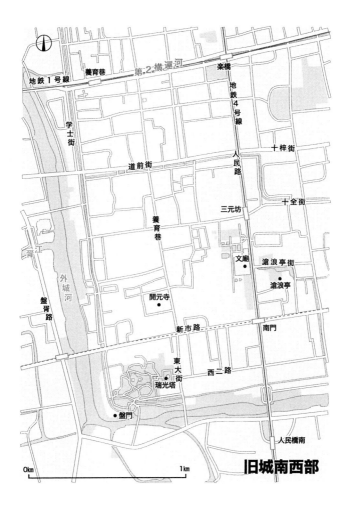

旧城南西部

江蘇省

ちなみ、「蟠門」から「盤門」へと変化した。

瑞光塔 瑞光塔 ruì guāng tǎ ルイグゥァンタア ［★☆☆］
盤門内に立ち、八角形七層のプランをもつ高さ 43.2m の瑞光塔。3 世紀、呉の孫権が普済禅院を建立し、その伽藍にあった舎利塔をはじまりとする（北塔報恩寺とともに三国時代にまで創建がさかのぼる）。現在の塔は 11 世紀初頭の宋代に建てられ、南から蘇州を訪れる人々にとっての灯台の役割を果たしていた。5 色の祥光を発したので瑞光塔という名前がつけられたという。1973 年、この塔の塔心から高さ 1.26m の

▲左　水路で入る門と陸路で入る門の両方が見られる盤門。　▲右　蘇州南西部にそびえる瑞光塔

真珠舎利宝幢が発見された。

開元寺 开元寺 kāi yuán sì カイユゥエンスー ［★☆☆］

蘇州旧城の南西部に残る開元寺。三国時代の創建と伝えられ、明代の1618年に建てられた無梁殿（梁を使わない建築）が堂々とした姿を見せる。この無梁殿には経典がおさめられていた。

CHINA
江蘇省

学士街 学士街 xué shì jiē シュエシイジエ ［★☆☆］

蘇州旧城の西側を南北に走り、蘇州の伝統的な街区を伝える学士街。明清時代に建てられた住宅が残り、通りに面して店、住宅の裏側に水路がある「前店後宅」の様式が見られる。明代、蘇州城の西側には官吏の暮らす高級住宅街があり、蘇州では東部の農民と西部の商人というように街区ごとに人の気質も違ったという。

【MEMO】

江蘇省

文廟(蘇州碑刻博物館) 文庙 wén miào ウェンミャオ[★☆☆]
孔子をまつる文廟は、関帝廟、城隍廟などとともに中国の伝統的な都市には必ずおかれた(蘇州南西部には江蘇巡撫、紫陽書院など文教施設が集まっていた)。蘇州出身の官吏范仲淹が蘇州の知事だった1034年の創建で、その後、何度も再建されているが、大殿は明の1506年当時の様子を今に伝える。現在は蘇州碑刻博物館となっていて、宋代の1229年につくられた石刻『平江図』、1247年の『天文図』などを収蔵する。とくに『平江図』は中国最古の都市図で、蘇州の街区が宋代から現在までほとんど変わっていないことの裏づけになっている。

▲左　紅壁が印象的な文廟。　▲右　滄浪亭は蘇州でもっとも古い庭園

滄浪亭[世界遺産] 沧浪亭 cāng láng tíng ツァンランティン[★★☆]

滄浪亭は江南に現存する最古の庭園で、蘇州四大庭園のひとつにもあげられる。もともと五代呉越（10世紀）の孫承祐の庭園があった場所と伝えられ、その後の1044年、左遷された北宋の官吏蘇舜欽によって庭園が整備された。滄浪という名前は、屈原が記した『滄浪の水』の「滄浪之水清兮／可以濯吾纓／滄浪之水濁兮／可以濯吾足」（水が澄んでいれば冠のひもを、にごっていれば自分の足を洗える）にちなむ。元代に寺になったが、明代に庭園として再整備され、水が豊富で、小さな丘陵があったこのあたりの地形を利用して園林が展開する。

【MEMO】

CHINA
江蘇省

Guide, Shi Quan Jie
旧城南東
城市案内

こぶりな双塔や運河沿いに続く十全街
網師園が位置する旧城南東部
また郊外の宝帯橋は名橋として知られる

蘇州公園 苏州公园
sū zhōu gōng yuán スウチョウゴンユゥエン [★☆☆]

蘇州公園の地には、春秋時代に呉王闔閭の宮殿があり、その後、府衙がおかれてこの街の行政の中心地となっていた（中央から白居易や范仲淹といった官吏が派遣されてきた）。現在は公園として整備され、人々の憩いの場となっている。

【地図】旧城南東部

【地図】旧城南東部の [★★☆]
- □ 滄浪亭 [世界遺産] 沧浪亭ツァンランティン

【地図】旧城南東部の [★☆☆]
- □ 蘇州公園 苏州公园スウチョウゴンユゥエン
- □ 双塔 双塔シュゥアンタア
- □ 十梓街 十梓街シイズゥジエ
- □ 十全街 十全街シイチュアンジエ
- □ 網師園 [世界遺産] 网师园ワンシイユゥエン
- □ 南園 南园ナンユゥエン
- □ 文廟（蘇州碑刻博物館）文庙ウェンミャオ
- □ 楽橋 乐桥ラァチャオ
- □ 人民路 人民路レンミンルウ
- □ 臨頓路 临顿路リンドンルウ

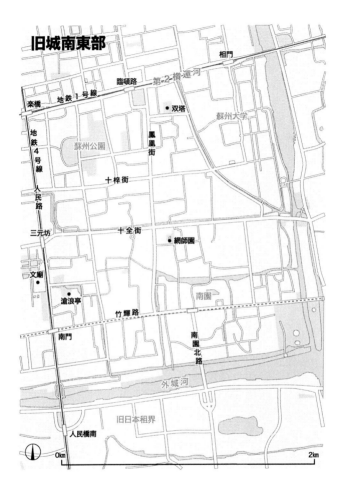

江蘇省

双塔 双塔 shuāng tǎ シュゥアンタア ［★☆☆］

八角形七層からなる同じ構造をもつ高さ30mの双塔。10世紀末の北宋代に建てられ、それぞれ舎利塔、功徳舎利塔と呼ばれている。昔むかし、このあたりに暮らしていたふたりの女性（妻と夫の妹）が濡れ衣を着せられて自害し、そのあとに建てられた姑嫂塔をはじまりとするという。

十梓街 十梓街 shí zǐ jiē シイズゥジエ ［★☆☆］

蘇州中心部の人民路から蘇州大学へと東西に走る十梓街。十梓街とはこの通りに生えていた樹木にちなみ、梓は皇帝の棺

▲左　龍の角にもたとえられた双塔寺。　▲右　屋根瓦をもつ建物の1階が銀行になっている

（梓宮）に使われたほか、文書を木に彫ることを上梓するという。宋代は十梓街が府衙（蘇州公園の地にあった行政府）の南側の通りにあたり、第3横運河が走っていた。

十全街 十全街 shí quán jiē シイチュアンジエ ［★☆☆］
運河が流れ、古い蘇州の面影を今に伝える十全街。古く、このあたりに10の汲みあげ口をもった井戸があったことから十泉街という名前だったが、「十全老人」と呼ばれた乾隆帝の南巡にちなんで改名された（「泉」と「全」は同じ音）。清代、官吏がこのあたりに暮らしたことからその邸宅が多く残る。

CHINA
江蘇省

網師園 [世界遺産] 网师园
wǎng shī yuán ワンシイユゥエン [★☆☆]

網師園は規模は小さいものの、優雅さと技巧があわさった名園とされる。ここは南宋時代、官吏史正志の万巻堂があった場所で、長いあいだ荒廃していたのち、清の1765年に宋宗元によって再建された。網師園という名称は、ある年に飢饉が起きたとき、漁師の一群が荒れ地だったこの地に避難し、そのなかのひとり王思の徳で雨が降ったことに由来する(「網師」は漁師のことで、音の同じ「王思」ともかけている。かつては「漁業をする隠者」漁隠と呼ばれていた)。網師園の

▲左　世界遺産に登録されている網師園。　▲右　壁にスローガンが描かれている

芍薬の美しさが知られるほか、この庭園へ続く前街には露店がずらりとならぶ。

南園 南园 nán yuán ナンユゥエン ［★☆☆］

蘇州旧城の南東部一帯は長いあいだ市街化されず、南園と呼ばれる農地が広がっていた（野菜などの農産物が栽培されていた）。都市のなかの余白のような場所だったところで、戦争などの非常時に食料が自給できるようになっていた。

江蘇省

旧日本租界

南園の南、蘇州旧城の外側にあった蘇州の旧日本租界。日清戦争後の下関条約を受けて、1897年に設置され、1902年には蘇州領事館がおかれた。東西1200m、南北600mの租界には、高騰する上海に替わるより安い工業用地を求める紡績会社や製糸会社が進出した。

宝帯橋 宝带桥 bǎo dài qiáo バオダイチャオ ［★★☆］
蘇州市街から南3kmに位置し、年河と其橋河が合流する運河にかかる宝帯橋。全長317m、幅4.1mの規模で53の美しいアー

Lao Suzhou

旧城南東城市案内

チを見せている。この場所には漢の武帝の時代から橋があったと言われるが、洪水でたびたび流されていた。唐代の806年、官吏王仲舒が自らの服の玉帯を売って橋をかけたことから宝帯橋の名で呼ばれるようになった。橋上から運河をさかのぼる船をひっぱるために、低い高さでかけられ、現在のものは1873年に再建されたものとなっている。この宝帯橋は、中秋の名月に串月（アーチが水に映る月を連続させる）という美しい景観をつくり出すことでも知られる。

【地図】宝帯橋

【地図】宝帯橋の ［★★☆］
- 宝帯橋 宝带桥 bǎo dài qiáo バオダイチャオ

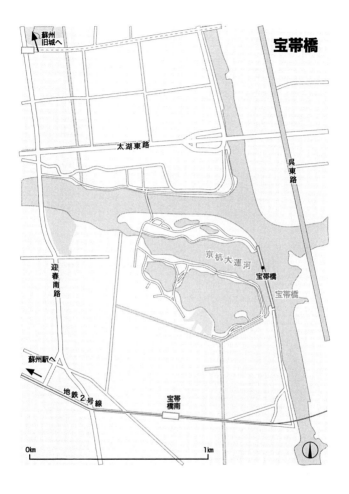

宝帯橋

Lao Suzhou

旧城南東城市案内

蘇州で花開いた中国芸術

文人による洗練された書画から
民間の伝統工芸まで
蘇州は中国屈指の芸術の都でもあった

絹の故郷

蚕の繭からつくられる絹（シルク）は江南地方で発明されたと言われる。古代ローマの人々は、金と同じ重さで中国の絹を求め、漢代の紀元前2世紀にはシルクロードが開かれていった（中国は「絹の国セリカ」と呼ばれていた）。中国では絹の製法は長いあいだ門外不出とされ、「王女が帽子のなかに繭を入れて中央アジアに嫁いだ」「僧侶が杖のなかに隠して西欧へ伝えた」などの話も伝えられる。太湖近くの蘇州の土地が桑の栽培（蚕は桑の葉を食べる）に適していたこと、唐代にアラビア商人が訪れたことなどから1000年以上、蘇

CHINA
江蘇省

州は絹織物の中心地となっていた。

無形文化遺産の昆曲

昆曲(昆劇)は蘇州東部の昆山を発祥とし、蘇州でさかんに演じられてその伝統が受け継がれてきた。優雅な曲調、独特の唱法、美しい衣装は隅々まではりつめた「蘭の花」にもたたえられ、明代の曲目や音楽が今も演じられる。役者は琵琶の伴奏にあわせて歌い、扇子をもちいて机や椅子を山や川に見立てて演じる。拙政園などの庭園や商人が集まる会館には戯台が用意され、昆曲が演じられた。また昆曲とは別に蘇州

蘇州で花開いた中国芸術

▲左　路上の屋台、小腹がすいたときに重宝する。　▲右　京劇に影響をあたえた昆曲は無形文化遺産に指定されている

方言が使われる語りもの演芸「蘇州評弾」も知られる（中国の民衆は、講釈師から聴いて『水滸伝』や『三国志』などの物語を知った）。

桃花塢と蘇州年画

新年を迎えるにあたって、人々が商売繁盛や家運流星などの願いをこめて門や窓、壁に貼った年画。蘇州年画（姑蘇版）は天津の楊柳青年画とならんで知られ、日本の浮世絵にも影響をあたえたという。年画は民衆のための民間芸術であったことから、1点ものの書や彫刻と違って大量生産できる版画

CHINA
江蘇省

の形態をとり、赤と緑を中心に黄、紫などの複数色の木版を使って配色された。陽春や科挙合格を意味する「杏子」、子宝や子孫繁栄を意味する「柘榴」、普遍や不老不死を意味する「竹」などが象徴的に描かれ、「福」を逆さまに「倒(到)」して「福到る」といった解釈もされた。やがて蘇州年画は衰退してしまったが、明清時代、桃花塢や山塘街に多くの工房があったという。

Lao Suzhou

蘇州で花開いた中国芸術

参考文献

『蘇州』(伊原弘 / 講談社)

『中国の名庭』(劉敦楨 / 小学館)

『中国の庭』(杉村勇造 / 求竜堂)

『中国・蘇州市の住宅地形成の研究』(鈴木充 / 住宅総合研究財団)

『水網都市』(上田篤・世界都市研究会編 / 学芸出版社)

『世界美術大全集 東洋編』(小学館)

『中国の年画』(樋田直人 / 大修館書店)

『太平天国 李秀成の幕下にありて』(リンドレー / 平凡社)

『寒山寺の鐘の音』(蘇州市文学芸術界連合会編)

『世界大百科事典』(平凡社)

[PDF] 蘇州地下鉄路線図 http://machigotopub.com/pdf/suzhoumetro.pdf

まちごとパブリッシングの旅行ガイド

Machigoto INDIA , Machigoto ASIA , Machigoto CHINA

【北インド - まちごとインド】

001 はじめての北インド
002 はじめてのデリー
003 オールド・デリー
004 ニュー・デリー
005 南デリー
012 アーグラ
013 ファテープル・シークリー
014 バラナシ
015 サールナート
022 カージュラホ
032 アムリトサル

【西インド - まちごとインド】

001 はじめてのラジャスタン
002 ジャイプル
003 ジョードプル
004 ジャイサルメール
005 ウダイプル
006 アジメール（プシュカル）
007 ビカネール
008 シェカワティ
011 はじめてのマハラシュトラ
012 ムンバイ
013 プネー
014 アウランガバード
015 エローラ
016 アジャンタ
021 はじめてのグジャラート
022 アーメダバード
023 ヴァドダラー（チャンパネール）
024 ブジ（カッチ地方）

【東インド - まちごとインド】

002 コルカタ
012 ブッダガヤ

【南インド - まちごとインド】

001 はじめてのタミルナードゥ
002 チェンナイ
003 カーンチプラム
004 マハーバリプラム
005 タンジャヴール
006 クンバコナムとカーヴェリー・デルタ
007 ティルチラパッリ
008 マドゥライ
009 ラーメシュワラム
010 カニャークマリ
021 はじめてのケーララ
022 ティルヴァナンタプラム
023 バックウォーター（コッラム～アラップーザ）
024 コーチ（コーチン）
025 トリシュール

【ネパール - まちごとアジア】

001 はじめてのカトマンズ
002 カトマンズ
003 スワヤンブナート

004 パタン
005 バクタプル
006 ポカラ
007 ルンビニ
008 チトワン国立公園

【バングラデシュ - まちごとアジア】

001 はじめてのバングラデシュ
002 ダッカ
003 バゲルハット（クルナ）
004 シュンドルボン
005 プティア
006 モハスタン（ボグラ）
007 パハルプール

【パキスタン - まちごとアジア】

002 フンザ
003 ギルギット（KKH）
004 ラホール
005 ハラッパ
006 ムルタン

【イラン - まちごとアジア】

001 はじめてのイラン
002 テヘラン
003 イスファハン
004 シーラーズ
005 ペルセポリス
006 パサルガダエ（ナグシェ・ロスタム）
007 ヤズド
008 チョガ・ザンビル（アフヴァーズ）
009 タブリーズ
010 アルダビール

【北京 - まちごとチャイナ】

001 はじめての北京
002 故宮（天安門広場）
003 胡同と旧皇城
004 天壇と旧崇文区
005 瑠璃廠と旧宣武区
006 王府井と市街東部
007 北京動物園と市街西部
008 頤和園と西山
009 盧溝橋と周口店
010 万里の長城と明十三陵

【天津 - まちごとチャイナ】

001 はじめての天津
002 天津市街
003 浜海新区と市街南部
004 薊県と清東陵

【上海 - まちごとチャイナ】

001 はじめての上海
002 浦東新区
003 外灘と南京東路
004 淮海路と市街西部
005 虹口と市街北部
006 上海郊外（龍華・七宝・松江・嘉定）
007 水郷地帯（朱家角・周荘・同里・甪直）

【河北省 - まちごとチャイナ】

001 はじめての河北省
002 石家荘
003 秦皇島
004 承徳
005 張家口
006 保定
007 邯鄲

【山東省 - まちごとチャイナ】

001 はじめての山東省
002 はじめての青島
003 青島市街
004 青島郊外と開発区
005 煙台
006 臨淄
007 済南
008 泰山
009 曲阜

【江蘇省 - まちごとチャイナ】

001 はじめての江蘇省
002 はじめての蘇州
003 蘇州旧城
004 蘇州郊外と開発区
005 無錫
006 揚州
007 鎮江
008 はじめての南京
009 南京旧城
010 南京紫金山と下関
011 雨花台と南京郊外・開発区
012 徐州

【浙江省 - まちごとチャイナ】

001 はじめての浙江省
002 はじめての杭州
003 西湖と山林杭州
004 杭州旧城と開発区
005 紹興
006 はじめての寧波
007 寧波旧城
008 寧波郊外と開発区
009 普陀山
010 天台山
011 温州

【福建省 - まちごとチャイナ】

001 はじめての福建省
002 はじめての福州
003 福州旧城
004 福州郊外と開発区
005 武夷山
006 泉州
007 厦門
008 客家土楼

【広東省 - まちごとチャイナ】

001 はじめての広東省
002 はじめての広州
003 広州古城
004 天河と広州郊外
005 深圳(深セン)
006 東莞
007 開平(江門)
008 韶関
009 はじめての潮汕

010 潮州
011 汕頭

【遼寧省 - まちごとチャイナ】

001 はじめての遼寧省
002 はじめての大連
003 大連市街
004 旅順
005 金州新区
006 はじめての瀋陽
007 瀋陽故宮と旧市街
008 瀋陽駅と市街地
009 北陵と瀋陽郊外
010 撫順

【重慶 - まちごとチャイナ】

001 はじめての重慶
002 重慶市街
003 三峡下り（重慶～宜昌）
004 大足
005 重慶郊外と開発区

【香港 - まちごとチャイナ】

001 はじめての香港
002 中環と香港島北岸
003 上環と香港島南岸
004 尖沙咀と九龍市街
005 九龍城と九龍郊外
006 新界
007 ランタオ島と島嶼部

【マカオ - まちごとチャイナ】

001 はじめてのマカオ
002 セナド広場とマカオ中心部
003 媽閣廟とマカオ半島南部
004 東望洋山とマカオ半島北部
005 新口岸とタイパ・コロアン

【Juo-Mujin（電子書籍のみ）】

Juo-Mujin 香港縦横無尽
Juo-Mujin 北京縦横無尽
Juo-Mujin 上海縦横無尽
Juo-Mujin 台北縦横無尽
見せよう！デリーでヒンディー語
見せよう！ 上海で中国語
見せよう！ 蘇州で中国語
見せよう！ 杭州で中国語

【自力旅游中国 Tabisuru CHINA】

001 バスに揺られて「自力で長城」
002 バスに揺られて「自力で石家荘」
003 バスに揺られて「自力で承徳」
004 船に揺られて「自力で普陀山」
005 バスに揺られて「自力で天台山」
006 バスに揺られて「自力で秦皇島」
007 バスに揺られて「自力で張家口」
008 バスに揺られて「自力で邯鄲」
009 バスに揺られて「自力で保定」
010 バスに揺られて「自力で清東陵」
011 バスに揺られて「自力で潮州」
012 バスに揺られて「自力で汕頭」
013 バスに揺られて「自力で温州」
014 バスに揺られて「自力で福州」
015 メトロに揺られて「自力で深圳」

【車輪はつばさ】
南インドのアイ
ラヴァテシュワラ
寺院には建築本体
に車輪がついていて
寺院に乗った神さまが
人びとの想いを運ぶと言います。

・本書はオンデマンド印刷で作成されています。
・本書の内容に関するご意見、お問い合わせは、発行元の
　まちごとパブリッシング info@machigotopub.com までお願いします。

まちごとチャイナ
江蘇省003蘇州旧城
～「江南文雅」と水をたたえる都［モノクロノートブック版］

2017年11月14日　発行

著　者	「アジア城市（まち）案内」制作委員会
発行者	赤松　耕次
発行所	まちごとパブリッシング株式会社
	〒181-0013　東京都三鷹市下連雀4-4-36
	URL http://www.machigotopub.com/
発売元	株式会社デジタルパブリッシングサービス
	〒162-0812　東京都新宿区西五軒町11-13
	清水ビル3F
印刷・製本	株式会社デジタルパブリッシングサービス
	URL http://www.d-pub.co.jp/

MP095

ISBN978-4-86143-229-3 C0326　　　　　　Printed in Japan
本書の無断複製複写（コピー）は、著作権法上での例外を除き、禁じられています。